La Parábola

del

Dios Danzante

La Parábola del Dios Danzante
ISBN: 978-1-960761-06-4
Written by Baxter Kruger
© C. Baxter Kruger 2023
Publicado por primera vez en 1997, republicado en 2023

Acerca del Autor

Baxter ha estado casado con Beth durante 40 años. Tienen cuatro hijos y cuatro nietos y viven en Brandon, Mississippi. Recibió su Ph.D. en Kings College, Universidad de Aberdeen en Escocia bajo la dirección del profesor James. B. Torrence. El Dr. Kruger es autor de 9 libros, incluidos los éxitos de ventas internacionales, El Regreso a la Cabaña, Patmos, y su primer libro pequeño, La Parábola del Dios que Danza, numerosos ensayos, cientos de horas de enseñanza y una variedad de estudios en línea —todo disponible en perichoresis.org. El Dr. Kruger ha viajado por el mundo durante 30 años proclamando las buenas nuevas de nuestra inclusión en Jesús y su relación con su Padre en el Espíritu. Le gusta cocinar cangrejos de río, tallar a mano señuelos de pesca, jugar al golf y le encanta pasar tiempo con sus nietos.

Diseño de portada: Tom Collins, South Australia
Diseño y Diagramación: Karen Thompson, Western Australia
Traducción y edición al español: Marisol Barrera, Colombia

Otros Títulos Disponibles Del

C. Baxter Kruger:

Conversaciones con San Juan

El regreso a La Cabaña

A través de Todos los Mundos

Jesús y la destrucción de Adán

La gran danza

Dios es para nosotros

HOGAR

El secreto

Una nota sobre la palabra Pericoresis

La aceptación genuina elimina el miedo y el escondite, y crea libertad para conocer y ser conocido. En esta libertad surge un compañerismo y un compartir tan honesto, abierto y real que las personas involucradas habitan unas en otras. Hay unión sin pérdida de identidad individual. Cuando uno llora, el otro siente el sabor a sal. Es solo en la relación Trina de Padre, Hijo y Espíritu que existe una relación personal de este orden, y la Iglesia primitiva usó la palabra "pericoresis" para describirla. La buena noticia es que Jesucristo nos ha atraído dentro de esta relación, y su plenitud y vida deben desarrollarse en cada uno de nosotros y en toda la creación.

For more information on Baxter Kruger or Perichoresis, visite nuestro sitio web
www.perichoresis.org

"La parábola del Dios que danza es la mejor base teológica para anclar el mensaje del Dios Padre. Este folleto lleva un mensaje que necesitan desesperadamente miles de millones de bailarines que no bailan en todo el planeta ".

–Tom Hallas, Director de Campo, JUCUM, Asia-Pacífico

"Lo había intentado durante 55 años, 11 meses y 16 días para hacerlo bien. Quiero decir, lo intenté muy duro. Fue después de las 11 de la noche cuando decidí que tenía que leer este pequeño folleto "Parábola del Dios bailarín" que me había enviado mi yerno. Cuando llegué a la tercera página, sentí que me habían golpeado en la cara con una sartén de hierro. Me recosté en la almohada, desconcertado, y dije: "Dios, ¿he estado pensando mal toda mi vida?" La respuesta fue simple y clara: "Sí". Y eso es solo la punta del iceberg.

–Julian Fagan, abogado, Amory, Mississippi

Para mi hijo

James Edward Baxter Kruger

Tabla de contenido

Introducción

¿Alguna vez has conocido a alguien que anhele el rechazo? Supongo que podría haber alguien en algún lugar que pudiera desear tal cosa, pero lo dudo. La sola idea de que alguien anhele ser cortado, rechazado o excluido es ridícula. Todos odiamos el rechazo. Y odiamos el rechazo porque duele, y duele de una manera que pocas otras cosas pueden.

Piensa en una niña de 10 años que se rompe el brazo en la escuela y tiene que ser llevada de urgencia al hospital. El brazo roto ciertamente le duele, pero los médicos la inyectarán, le enyesarán el brazo, la medicarán y estará bien. En unos pocos días volverá a la escuela como una heroína: todos querrán firmar su yeso. Pero piensa en la misma chica que bajó del autobús llorando porque su mejor amiga se rio de ella, se burló delante de los demás.

Su madre intenta consolarla, pero de alguna manera las palabras de consuelo de una madre no son tan poderosas como las palabras de rechazo de una amiga. Y no hay un inyección para adormecer este dolor. No hay yeso para establecer un corazón roto. Lo más probable es que la niña pase la tarde en su habitación sola y llorando. Cuando regrese a la escuela, irá como una niña herida, y esa herida la asustará, la aislará y la hará dudar. Eso es lo que nos hace el rechazo. Nos cambia. Nos hace cautelosos y vacilantes, incluso sospechosos, y eso nos lleva a diferentes formas de escondernos.

Pero ¿por qué el rechazo nos duele tanto? Sospecho que el poder del rechazo proviene de la forma en que estamos conectados, por así decirlo. Estamos hechos para la aceptación. Estamos diseñados para que cobremos vida cuando somos aceptados. Como un pez prospera y florece en el agua, los seres humanos prosperan y florecen en aceptación. Es nuestro ambiente nativo. No somos muy buenos, y ciertamente no somos felices sin eso

El maligno es muy consciente de la forma en que estamos hechos. El sabe qué le sucede a un pez cuando se le saca del agua, y él sabe lo que nos sucede cuando nos "sacan" de la aceptación. Él es un especialista en rechazo y su estrategia principal es convencernos de que no somos aceptables. Tiene una bolsa de trucos que usa sobre nosotros, algunos obvios y otros más sutiles, pero por lejos su truco más generalizado es alterar nuestra comprensión de Dios. Ese es el meollo del asunto. Si él puede convencernos de que Dios nos ha rechazado, o incluso que a Dios no le gustamos o no nos quiere, entonces el juego de la vida ha terminado. Nos volvemos como la niña de 10 años sentada sola en su habitación llorando. Cuando nos aventuramos a salir de nuestras habitaciones, lo hacemos como personas heridas y eso no es una receta para la comunión y la vida. Todo es muy simple. El rechazo cierra nuestra libertad de vivir.

Por supuesto, Jesús sabe todo sobre el poder de aceptación. Él ha vivido en la libertad y la alegría del abrazo del Padre y del deleite incalculable desde toda la eternidad. Sabe que el Padre no es legalista, así que estaba profundamente horrorizado y ofendido por la forma en que los llamados líderes religiosos de su época asaltaban a su Padre con sus brochazos legalistas. Así que se dispuso a cambiar su noción de Dios, y la nuestra, para que todos pudiéramos ver, conocer y sentir el generoso abrazo y aceptación del Padre, y conocer su libertad y alegría en el centro de nuestros seres, y así vivir. vida.

Lucas 15 es el ataque más directo de Jesús a los pensamientos equivocados acerca de Dios. Pero cuídate de escuchar a Jesús. Su padre es bueno y su amor es apasionado. Descubrir la verdad acerca de Dios, puede encender una libertad y una alegría en ti que ni tan siquiera soñado.

El Evangelio

de Acuerdo a Lucas 15

Ahora bien, toda la gente de renombre, tanto los infames recaudadores de impuestos como los pecadores habituales, tenían la costumbre de amontonar a Jesús. Se sentían atraídos magnéticamente hacia él, adictos a su conversación. Pero los fariseos y los maestros de la ley se quejaban furiosamente de la cálida hospitalidad con que Jesús abrazaba a esta gente en sus frecuentes banquetes. El murmullo constante de los líderes religiosos profesionales inspiró esta historia:

Imagina que tienes cien ovejas y una se pierde; ¿Quién de vosotros no dejaría las noventa y nueve en el desierto e iría en busca de la perdida, hasta encontrarla? Y cuando lo encuentra, se regocija y lo levanta sobre sus hombros. Luego, tan pronto como llega a casa, invita a todos sus amigos y vecinos a unirse a él en la celebración de su oveja perdida y encontrada. Les digo, esto refleja el gozo del cielo por la persona que no está sincronizada y que despierta a su auténtica identidad, en lugar de por los noventa y nueve, que supuestamente entienden quiénes son y, por lo tanto, no necesitan persuasión.

O, ¿qué mujer que tiene diez monedas de plata y pierde una, no enciende inmediatamente una lámpara, barre toda la casa, y con la mayor indagación busca en cada rincón y grieta, hasta que la encuentra? Y cuando la encuentra, llama a sus amigos y vecinos para que vengan a celebrar con ella que ha encontrado su preciada moneda. Os digo, los rostros de los mensajeros celestiales se iluminan de alegría por una sola persona que redescubre su auténtico valor e identidad.

Luego continuó: Cierto hombre tenía dos hijos, el menor se acercó a su padre y le dijo: "Padre, dame mi parte de nuestra herencia".

Entonces el padre les dio su vida. A los pocos días, el joven reunió todas sus pertenencias y se fue a un país extranjero lejos de casa. Ahora no había nada que lo detuviera, y pronto despilfarró su herencia, viviendo sin restricciones. Entonces, agotó sus recursos y, para empeorar las cosas, una hambruna severa se apoderó de esa tierra. Empezó a estar en extrema necesidad. Así que viajó más adentro del país y se unió a un ciudadano local que lo envió a sus campos para pastorear sus cerdos. Estaba tan desesperadamente hambriento que incluso deseaba llenar su estómago con las vainas de las que se alimentaban los cerdos, pero nadie se lo permitía.

¡En este punto volvió en sí! Pensando en voz alta, dijo: "Mi padre tiene muchos jornaleros trabajando para él, y todos tienen más que suficiente para comer, y aquí estoy, muriéndome de hambre". Estaba levantado y listo para irse y comenzó a ensayar lo que haría: "Viajaré a casa para enfrentar a mi padre y decirle que he pecado contra el cielo y ante él; ¡Lo convenceré de que ya no soy digno de ser llamado su hijo y le rogaré que me emplee como uno de sus jornaleros!" Y dicho esto, se levantó y emprendió el viaje de regreso a su padre.

Todavía estaba muy lejos de casa cuando su padre lo vio y, lleno de compasión, corrió hacia su hijo, le echó los brazos al cuello y lo besó con cariño. Cuando el hijo recuperó el aliento, comenzó su oración de pecador ensayada: "Padre, he pecado ante el cielo y en tu rostro, no soy digno de ser conocido como tu hijo...

El padre no estaba prestando atención a esto y no le dio la oportunidad de terminar su súplica ensayada; ¡simplemente instruyó a sus esclavos para que trajeran inmediatamente la mejor túnica y lo vistieran con ella y le dieran un anillo para que se pusiera en el dedo y zapatos para los pies! En plena anticipación por el regreso de su hijo, también hizo traer y sacrificar el becerro cebado con grano. ¡Era la hora de la fiesta! Entonces, "¡con nuestras mentes inundadas de alegría, que comiencen las alegres celebraciones!" Esta es la razón de nuestra alegría: ¡mi hijo aquí, estaba muerto y resucitó!

Parecía estar perdido para siempre, pero aquí está, ¡encontrado! Y así comenzaron sus alegres celebraciones.

El hermano mayor regresaba del campo y al acercarse a la casa, escuchó lo que sonaba como un concierto de instrumentos y un coro de voces cantando y bailando. Alarmado, llamó a uno de los sirvientes y le preguntó de qué se trataba todo esto. El muchacho respondió: "Tu hermano está aquí. Entonces, tu padre sacrificó el ternero engordado para celebrar que tu hermano regresara a casa con buena salud".

La noticia enfureció al hermano mayor que no tenía ningún deseo de unirse a ellos. Entonces su padre salió y le suplicó. Él respondió a su padre: "¡Considera los muchos años que he trabajado por ti como un esclavo! Y en ningún momento evadí ninguno de tus mandamientos; sin embargo, ¡nunca consideraste recompensarme, ni siquiera con un corderito, para que pudiera divertirme con mis amigos! Sin embargo, cuando este hijo tuyo viene aquí, habiendo devorado tus ahorros despilfarrándolos en prostitutas, ¡matas el ternero engordado con cereales!

Él le dijo: "¡Mi querido hijo, siempre estás conmigo y todo lo que tengo es tuyo! Ahora es apropiado que nuestras mentes se inunden de alegría y gozo, porque tu propio hermano estaba muerto y está vivo de nuevo. ¡Estaba perdido y ha sido encontrado!"[1]

---

1 Esta traducción de Lucas 15 es de EL ESPEJO, por Francois du Toit Copyright © 2012 Usado con permiso del autor.

Capitulo 1

La Parábola del Dios Danzante.

La tercera parábola de Jesús en Lucas 15 está sin duda entre las más famosas. También es la más querida. Se trata de un padre y sus dos hijos. Y este solo hecho nos hace querer la parábola. A menudo se la llama "la parábola del hijo pródigo". Tal vez esto se deba a que la historia del hijo "descarriado" es muy real y conmovedora. Pero hay mucho más en la parábola que el viaje de este hijo. Es por eso que la historia no termina cuando finalmente llega a casa. La historia avanza y el hijo mayor ocupa un lugar central. Si nos centramos en este hijo y su vida, el título de la parábola debería ser algo así como "la parábola del hijo ciego", o "la parábola de perder todo el enfoque". Pero esta historia no es realmente sobre el hijo pródigo o el hijo ciego. Se trata del Padre. Él es la figura central. Y Jesús está utilizando este Padre y su relación con sus dos hijos para revelarnos la verdad impactante acerca de Dios.

Esta historia trata sobre quién es Dios y cómo es realmente Dios. Se trata de la forma en que Dios piensa. Se trata de la forma en que Dios actúa hacia nosotros. Se trata del corazón y la alegría del Padre. Es la historia de un Dios en el que podemos creer, una parábola del Dios que baila.

Jesús escoge a la peor persona que posiblemente pueda encontrar y tiene al *Padre* corriendo detrás de *él*. Esta evasiva lamentable de un hijo, nos dice Jesús, es el objeto del intenso anhelo, la pasión y el afecto del Padre. *Él* es el objeto del cuidado del Padre y el perdón incondicional sin compromisos.

Jesús pinta un cuadro de Dios parado en el balcón del cielo, observando, buscando en el horizonte el menor indicio de una sombra del regreso de su hijo. Y una vez que lo ve, Jesús tiene al Padre corriendo y abrazándolo, y ordenando que se celebre una gran fiesta en su nombre.

¡Qué imagen de Dios! Estoy seguro de que no hay mayor afirmación acerca de Dios en toda la Biblia que en el versículo 20: "Pero mientras él todavía estaba muy lejos, su padre lo vio, se compadeció de él, corrió, lo abrazó, lo besó y lo besó. Lo besó y lo besó" (NASB). Estaba absolutamente encantado de verlo.

La primera pregunta para todos nosotros, y quizás la única pregunta, es esta: ¿Hemos conocido a este Padre? ¿Hemos conocido al Dios de esta parábola? ¿Lo conocemos?

¿Puedes sentir el corazón de Jesús aquí? ¿puedes ver, escritas las palabras clarísimas: "Acabas de encontrarte con el verdadero Dios"? ¿puedes sentir a Jesús luchando con toda la mentalidad errónea del falso concepto de Dios a su alrededor? ¿puedes escucharlo diciéndose a sí mismo: "Si solo pudieran encontrarse con *Él* y conocerlo, cambiaría todo"?

El Verdadero Dios

Esta parábola, junto con las dos que la preceden, son contadas por Jesús en respuesta directa a la crítica aparentemente "justa" de los líderes religiosos. Al "liderazgo" de la iglesia institucional judía no le gustaba el hecho de que Jesucristo *recibiera* a los pecadores (v. 2), los estafadores y perversos, marginados y fracasados acudían a él y los trataba como viejos amigos. Se alegraba de verlos. Se emocionaba por su presencia, incluso comía con ellos e iba a sus fiestas. Y tal actividad extravagante se encontró rápidamente bajo el escrutinio del ojo religioso siempre presente. "Jesús, eres una especie de persona santa, que abraza a los pecadores. ¿No tienes alguna religión sobre ti, Jesús? ¿Cómo es que puedes salir con estas personas? ¿Cómo puedes recibir a tales pecadores injustos, blasfemos?"

Casi puedes sentir la reacción de Jesús. Está muy sorprendido por su sentencia y juicio. Pero es más que un shock, es una incredulidad. "¿Están hablando en serio? ¿De verdad son tan despistados?

¿Realmente no entienden por qué abrazar a los pecadores y comer con ellos? ¡Hago esto porque así es Dios! Lo hago porque mi Padre corre para abrazar a estos pecadores y come con ellos, de hecho, les organiza fiestas ruidosas y muy lujosas".

"*Aquí,*" dice Jesús, "déjame que te lo cuente",

Eso es lo que está pasando en estas parábolas. Jesús está respondiendo a la manera en que los principales iluminados de Israel piensan acerca de Dios, a la forma en que lo juzgan debido al falso concepto que tienen de Dios. Él tiene una sorpresa para ellos. Entienden todo mal y él ataca su pensamiento.

Estas parábolas de Jesús son un asalto directo, un ataque frontal total, sobre la idea pervertida de Dios de los fariseos y la forma en que Él opera. Piensan que Dios es una especie de contador que está vigilando. Piensan que mantiene una lista y la revisa dos veces para descubrir quién es travieso y quién es amable. Entonces piensan que estos pecadores no tienen posibilidad de disfrutar de una fiesta, porque son unos miserables fracasados que no han *calificado* para el favor divino. No han hecho nada por Dios. De hecho, han hecho todo lo posible para *descalificarse* de todo lo divino, es decir, de todo, pero eso sí, les espera un juicio severo a la fija.

Pero Jesús tiene a Dios abrazando estos fracasados. Jesús, el verdadero Hijo del Padre, que mora en el seno del Padre (Jn 1:18) y que conoce al Padre por dentro y por fuera (Mt 11:27), les arroja una bola de curva teológica que les hace volar la mente. En lugar de un contador de libros, un controlador de listas, un legalista divino, Jesús se enfrenta a ellos con la imagen de Dios que baila con gran alegría al ver que un fracasado llega a casa. Él los confronta con un Dios que resulta ser un corredor divino, que corre tras los pecadores, que organiza fiestas para aquellos que no tienen y no pueden calificar para recibir su favor.

En lugar de un Dios rápido para juzgar, *un juez que estrangula*, que quema, que azota, que tiene una mano en la cuerda de la trampilla y busca una excusa para tirarla, la versión de Dios de Jesús es la de un Padre asombroso que firme y persistentemente permanece inquebrantable, exactamente lo que Él es, un Padre, incluso y especialmente cuando Sus hijos se vuelven rebeldes, retorcidos y tercos.

No hay una lista en el corazón de este Padre. No hay pasos farisaicos religiosos para el perdón. No hay ninguna mención de perdón aquí y especialmente no menciona la fórmula para acceder a ese perdón. Porque el perdón ya está hecho. Es, en palabras de Jesús, "consumado".

Se trata de un hijo, que es y sigue siendo un hijo porque tiene un padre que es y sigue siendo un padre. Se trata de un pecador que viene a sus sentidos y se encuentra con la verdad de quién es él debido a quién es Dios. Se trata de un hijo que se encuentra con la verdad de que tiene un hogar, que tiene un padre, que tiene una herencia que no puede desperdiciar. Se trata de llegar a conocer a Dios, conocer y creer las buenas nuevas del corazón inmutable de Dios el Padre.

El hijo está perdido en el lejano país en lágrimas. Es miserable, porque en lo profundo de su alma sabe que ha fracasado. No puede escapar saboreando la amargura de su vergüenza. Su alma está obsesionada con la vergüenza y la impotencia. Él no puede deshacer su maldad. Todo lo que él puede sentir o decir es: "Oh, oh, oh, padre mío, he pecado contra el cielo y ante tus ojos y corazón. Ya no soy digno de ser tu hijo en absoluto. Hazme como a uno de tus obreros.

Siente intensa humillación personal y condena. Y sin embargo, justo en medio de esto, Jesús tiene el evangelio saliendo de la boca del hijo. Él habla el evangelio a sí mismo en lo más profundo de su miseria, pero no lo escucha. Es solo retórica. ¿Notaste lo que dijo este hijo? Él dijo: "Voy a volver con *mi padre*" (v. 18). De su propia boca sale la verdad que no puede ver, mucho menos que se atreva a creer, todavía.

A pesar de todo lo que ha hecho, sigue existiendo un hecho permanente, inmutable y sólido como una roca. Queda una herencia que no puede desperdiciar. El tiene un *padre*.

Mientras está lejos, mientras está ensayando su discurso de "Tal vez pueda ganarme un lugar con mi arrepentimiento", la verdad se estrella contra él como el trueno más poderoso. Su padre es *su padre*.

Lo que golpea a este hijo entre los ojos es el hecho de que no puede cambiar el corazón de su padre. Su padre no lo ama por lo que hace. Su padre no deja de amarlo porque se ha rebelado y ha fracasado estrepitosamente. Su padre es su padre, no importa qué. Él es y sigue siendo el hijo amado porque su padre es y *sigue siendo su padre*.

Este pobre muchacho piensa, como todos lo hacemos, en términos religiosos. Piensa que puede y debe hacer algo. Sabe que lo ha echado a perder, pero cree que tal vez su dolor y su arrepentimiento ganarán puntos en el corazón de su padre. Piensa que, si bien lo ha malgastado todo con rebeldía, solo su lamento, tal vez sus profundos gemidos y gemidos, tal vez su humildad y su religión, al menos le conseguirán un trabajo y algo de comida. Eso es lo que está haciendo. Él está recurriendo a la religión porque piensa que podría ser un tirón en la compasión de su padre. Pero lo llamativo, glorioso y maravilloso es no tener la oportunidad ni de abrir la boca. Él mira hacia arriba y ve a su padre corriendo. Se congela y lo siguiente que sabe es que está completamente cubierto por su padre. Todo lo que siente es el abrazo y el beso de su padre. Todo lo que ve es a su padre bailando con alegría sobre él.

"*Eso*", dice Jesús, "es quién es Dios y cómo Dios piensa y actúa".

Pero el hijo todavía no entiende el punto. Todavía piensa que se trata de lo que *hace* y aún no ve que se trata de *quién es Dios*. No tiene nada que ver con él y sí todo que ver con Dios. Él ha ensayado su discurso y está decidido a decirlo. Y más allá de eso, lo hace: "Padre, he pecado contra el cielo y ante tus ojos y tu corazón; *Ya no soy digno* de ser llamado tu hijo". Pero note lo que dice el texto a continuación. Eugene Peterson lo captura mejor: "Pero el padre *no estaba escuchando*" (EM). Aquí está este gran discurso, esta confesión, pero el padre no está interesado. No le interesa en lo más mínimo. Todo lo que el hijo ve es a su padre bailando con alegría.

Todo lo que oye en respuesta son los gritos de su padre:

"Pónganle la mejor bata y las mejores sandalias, toma el anillo de la familia, se lo pone en el dedo y enciende la celebración. que felicidad ¡Vamos a hacer una fiesta! *Mi* hijo estaba muerto, pero ahora está vivo. Lo había entregado por perdido, pero él ha vuelto a casa".

La gloriosa buena noticia de la gracia es el hondo gemido de alma humana y la acción del padre. El evangelio se ha envuelto alrededor de este hijo y ha ahogado su mejor discurso. Los volúmenes se proclaman aquí en esta foto. "Hijo, esto no es sobre *tu* opinión de ti mismo. No se trata de *tu* dignidad. No se trata de ganar puntos conmigo. No se trata de lo que *haces* o dejas de hacer. Esto es sobre el hecho de que *Yo soy* tu padre y, por lo tanto, *tú eres* mi hijo. Se trata de que llegues a saber quién soy realmente y, por lo tanto, quién eres, me perteneces. Se trata de que llegues a saber como eres conocido ¡Esto se trata de que veas las verdaderas riquezas de tu herencia en mí y que te llenes de un gran *Aleluya!* Se trata de que vengas a *disfrutar* de mi relación contigo".

Una nota sobre el cielo y la iglesia

Se ha dicho que si bien la Biblia habla a menudo sobre el cielo, en realidad no nos dice mucho sobre cómo será el cielo. Bueno, si quieres saber cómo es el cielo, aquí lo tienes. Es una fiesta. Es una celebración lanzada por Dios Padre y Él es el bailarín principal. El cielo se trata de estar en la fiesta del Padre y ser el célebre invitado de honor, a pesar del fracaso que te descalifica.

La primera de estas tres parábolas dice que hay "gozo en el cielo" (v. 7, NASB) por la vida rescatada de un pecador. En la segunda parábola, los ángeles de Dios organizan una fiesta cuando un pecador capta el punto y se vuelve de su nada al Padre. En la tercera parábola no se menciona el gozo en el cielo, no se menciona a los ángeles organizando una fiesta, solo existe esta maravillosa imagen del Dios danzante. Solo existe esta vívida imagen *del Padre* corriendo, abrazando y besando a este hijo caído, y ordenando una gran celebración.

Eso es el cielo. Es la emoción de Dios; es la alegría danzante del Padre, que estalla en la fiesta más grande de la historia.

¿No es esa una imagen maravillosa de cómo será la iglesia aquí y ahora: el gozo de Dios tomando forma en nuestros corazones y produciendo una celebración? Hoy nos gustan los "modelos" cuando hablamos de la iglesia. Bueno, aquí hay un gran modelo: la iglesia de fiesta.

¿No es este el corazón mismo del evangelismo? ¿No debería ser que cuando las personas, como el hermano mayor (v. 25), llegan del trabajo, escuchan música y bailes en la iglesia y quieren saber de qué se trata todo esto?

¿No es este el corazón mismo de nuestra misión? ¿No estamos llamados a ser un pueblo de celebración que está tan emocionado y lleno de la gracia y la alegría de nuestro Padre que la celebración llama la atención del mundo?

Religión

Jesús dijo esta parábola para confrontar y atacar el entendimiento equivocado de Dios que se estaba filtrando a través de la religión institucional en su día. Lo dijo para traer una reforma, una revolución. Él lo dijo para liberar a los pobres que vivían, o intentaban vivir, bajo la esclavitud de una teología de la contabilidad. Y lo dijo como un serio llamado al arrepentimiento. Y creo que lo dijo llorando. Porque vio que las personas religiosas de su época no iban a la fiesta de Dios. Ellos se ofendieron. La preocupación más profunda de Jesús en esta parábola es con los hermanos mayores de este mundo y el hecho de que se estaban perdiendo. Hay pocos versos en la Biblia que son más lamentables que el versículo 28: "El hermano mayor se fue furioso y se negó a unirse" (EM). Se amargó y no quiso ir a la fiesta.

Jesús nos dice por qué el hermano mayor estaba amargado. Fue debido a su teología. Se debía a que se había estado relacionando con lo que él pensaba que era un padre vigilante y controlador, que estaba revisando listas de quehaceres durante toda su vida. Y él mismo también mantenía sus propios registros. Y, según sus propios registros, nunca había fallado: "¡Mira! Durante tantos años te he estado sirviendo y nunca he descuidado un mandato tuyo; y nunca me has regalado una cabra joven, para que pueda estar feliz con mis amigos" (v. 29, NASB).

Ya ves lo que está pasando aquí. Este hermano lo había hecho todo correctamente. Él había sido obediente, correcto, intachable, perfecto. Había mantenido las reglas. Y nunca me has recompensado. Y encima de esto, cuando este tuyo hijo tuyo se rebela desde el lejano país, te vuelves loco de celebración y te haces el tonto babeando sobre él delante de los sirvientes. ¡Deberías estar avergonzado, padre! ¡Eso no es justo! ¡Es indignante! ¡Es horrible!"

¿Te imaginas la expresión del padre cuando se dio cuenta de que su hijo había estado con él (en la iglesia) todos esos años y nunca había comprendido su corazón? Él debe haber estado asombrado y afligido y desconsolado.

"Hijo, ¿de qué diablos estás hablando? Has perdido completamente el punto. ¿Me preguntas por qué nunca te he dado un pedazo de carne para tener una fiesta con tus amigos?

Hijo, *todo es tuyo* y siempre ha sido *tuyo*, ¿no lo *sabes*?"

Echemos un vistazo a los versículos 11-12: "Un hombre tenía dos hijos. Y el más joven de ellos le dijo a su padre: "Padre, dame la parte de la herencia que me corresponde". Y él lo dividió entre ellos" (NASB). ¿Lo entendiste? Lo repartió entre *ellos*.

Todo lo que tenía el padre, ya le había sido dado al hermano mayor. Ya era suyo. El regalo ya le había sido dado. Y sin embargo, el hermano mayor pasó todos esos años tratando de ganarlo, tratando de ganar lo que *ya era suyo*. Y nunca lo disfrutó. Nunca entendió a su padre ni a su gracia. Y nunca disfrutó de su padre ni de su abundante y generoso regalo.

Podría haber teniendo una celebración a lo largo del camino. Pero no podía aceptarlo en esos términos. Tuvo que inventar sus propios términos. Lo convirtió en religión. Pasó su tiempo tratando de ganarse lo que ya era suyo y de mantener estrictas reglas para asegurarse de que lo había hecho bien.

Su enojo y amargura hacia su padre y la gran fiesta para su hermano perdido no fueron un brote temporal. Era la ira de todo el patrón de su vida. Fue la expresión de su torcida teología y falsa seguridad.

Él nunca había entendido la gracia. Nunca había celebrado la gracia. Nunca había *disfrutado* a su gracioso padre. Nunca había conocido realmente a su padre ni a la vida en su casa. Había malinterpretado por completo quién era su padre y qué lo hacía funcionar. No tenía idea. Todo lo que podía pensar era que todo este trato era amargamente injusto. Por eso se negó a ir a la fiesta.

En eso caen las personas religiosas de cada generación. Ellos inventan sus propios términos. En lugar de reconocer su propio fracaso y su propia nada, y luego disfrutar de la pura gracia del

Padre y vivir en Su permanente abrazo, crean una religión. Crean definiciones imaginarias, para que puedan convencerse de que *son buenos*, rectos y amorosos. Y las cosas se ponen tan retorcidas y equivocadas que no pueden enfrentarse a un Padre amable que abraza y acepta a los caídos, ni a un Jesús que los recibe libremente y los trata como viejos amigos.

Nunca conocen al verdadero Dios y la vida en su placer. Su justicia propia les impide ver y experimentar su gracia. Nunca se unen a la fiesta divina. ¿Como es posible? No se ven a sí mismos como fracasos desesperados que están indefensos e impotentes para cambiar, están haciendo religión.

Inevitablemente, la amargura brota dentro de su corazón cuando ven la libertad del abrazo del Padre y su espléndida fiesta. Y su presencia religiosa ahoga la maravilla de los asombrados pecadores y convierte la celebración en un acto muerto y aburrido de "servicio religioso" a un dios, que no tiene vida y está vacío de gloria.

El texto dice que el padre salió y comenzó a rogar al hermano mayor. (v. 28): "Vamos, hijo, esta es tu fiesta también. Esta es nuestra celebración. Esto es la vida en mi casa Ven y únete a nosotros, perteneces aquí". La palabra que se usa aquí para "entramar" es *parakaleo*. Es una palabra que se usa en el Nuevo Testamento para exhortar en el poder del Espíritu. Se usa, por ejemplo, en 2 Cor 5:20: "Por lo tanto, somos embajadores de Cristo, como si Dios te estuviera rogando a través de nosotros; Te *rogamos* en nombre de Cristo, ven a la fiesta".

El padre rogó, rogó, a su hijo mayor, en el poder del Espíritu, que fuera parte de la celebración. Pero el hijo no quiso escuchar. No pudo aceptarlo. No tenía sentido para él. Su religión y falsa seguridad le impidieron comprender. Y resistió al Espíritu y se negó a ir a la fiesta.

Algunas preguntas honestas

Retrocedamos ahora y pensemos en todo esto. ¿Qué vamos a hacer con esto?

Jesús nos enfrenta a un Dios que no es exactamente lo que esperamos. Este dios es impactante. Jesús le da la vuelta a todo. Las personas religiosas, las que naturalmente pensamos que están en el grueso de las cosas de Dios, terminan perdiéndose la realidad. Y los fracasados caprichosos se encuentran asombrados ante el Padre y en medio de una fiesta que Él proyecta toda su alegría sobre ellos. ¿Dónde encajamos en este cuadro? Una forma rápida de encontrar una respuesta honesta es hacernos una pregunta sobre cómo escuchamos esta parábola. Cuando la leemos o la escuchamos de nuevo, nos ponemos del lado de alguien. Escuchamos a través de los oídos de uno de los personajes. Puede ser del hijo menor, o el mayor. Puede ser del Padre o tal vez de Jesús, el narrador de la historia. Pero todos nos identificamos con una de estas figuras y vemos las cosas a través de sus ojos.

Es importante pensar en esta cuestión de identificación. Tiene una forma de buscarnos y revelar nuestro pensamiento real, el pensamiento que bien puede estar oculto, pero que sin embargo nos afecta profundamente cómo vivimos. Esta pregunta saca a la superficie lo que podríamos llamar nuestra "teología del trabajo". Esto es diferente de la teología que discutimos en la iglesia o en los estudios bíblicos.

La teología del trabajo es nuestro pensamiento acerca del Dios que realmente está trabajando en nosotros y a través de nosotros. Es el pensamiento del alma. Preguntar, honestamente, la pregunta sobre cómo escuchamos la historia nos ayuda a ver lo que realmente pensamos en nuestro ser más íntimo.

Tomemos primero al hijo menor. Si te identificaste con él, entonces detente y echa un vistazo honesto a tu vida.

Observa tu falsedad, tus fracasos, orgullo, maldad y desperdicio en la cara. Hazte esta pregunta: ¿Es posible que este padre en la parábola sea *Dios* y piense en mí como lo hace con respecto a este hijo? ¿Puede ser que, dado todo lo que he hecho y lo que no he hecho, Dios es y sigue siendo mi Padre y se conmueva con compasión por *mí* y corra para abrazarme con pura alegría? ¿Es posible que Él venga ahora mismo, no mañana, o cuando muera, o cuando finalmente logre mi gran actuación, sino ahora mismo, y con pleno conocimiento de quién soy y de lo que he hecho? gritando a sus siervos que traigan las mejores ropas y sandalias y el anillo familiar y lo coloque en *mi* dedo?

¿Puedes creer que Dios es así? ¿Puedes creer que Dios Padre está entusiasmado *contigo*? ¿Puedes creer que Él está al mando de una fiesta en tu nombre? ¿Puedes creer eso de Dios ahora? Si no piensas así, te digo hermano o hermana, ¡arrepiéntete! Eso es correcto, ¡arrepiéntete! Es decir, cambia completamente tu forma de pensar y creer. Deja ya de creer tales mentiras grotescas acerca de nuestro Padre. Mira detenidamente el versículo 20: "Pero mientras él todavía estaba muy lejos, su padre lo vio, se compadeció de él y corrió y lo abrazó y lo besó" (NASB). Memorízalo. Cree en el Dios que ves aquí. Aliméntate de la verdad. Bébela. Disfruta de él. Siéntate y maravíllate con nuestro Dios y Padre.

Ahora, pensemos en el hermano mayor. Si te identificaste con él, entonces hay una pregunta para confrontarte sobre lo que podríamos llamar "religiosidad".

Hazte esta pregunta con sinceridad: ¿Tengo alguna esperanza en mi corazón de que mi religión me dé puntos con Dios? ¿Pienso que mi bondad y mi obediencia me harán aceptable al Padre? ¿Pienso que la asistencia de mi iglesia y mi humildad y confesión conmoverán el corazón de Dios? ¿Pienso que, de alguna manera, su relación conmigo depende de mi desempeño religioso? Si es así, te digo hermano o hermana, ¡arrepiéntete! Eso es correcto, ¡arrepiéntete! Dejemos de creer tales mentiras grotescas acerca de Dios nuestro Padre.

Mira detenidamente el versículo 31: "Hijo mío, siempre has estado conmigo, y todo lo que es mío es tuyo". Memorízalo.

Aquí estás siendo confrontado con un Dios que ya te ha aceptado en Jesús y te lo ha dado todo en él. ¿Cómo puedes ganar lo que ya es tuyo?

No te vendas corto. Baja el libro de contabilidad y ven a conocer a tu Padre. Únete a la maravilla. Ven a la fiesta de la gracia lanzada por el Dios que baila. También es tu fiesta.

Ahora miremos por un momento al padre. Si te identificaste con el padre en esta historia, entonces te digo que no permitas que los orgullosos hermanos mayores de este mundo conviertan la fiesta en una religión y, por lo tanto, conviertan a la iglesia en una funeraria. Cuídate de ese orgullo de justicia propia que se esconde detrás de nuestra humildad y servicio. Los humildes son aquellos que conocen su fracaso y están absolutamente asombrados de que Dios los haya buscado incansablemente en Cristo, los haya abrazado y los haya aceptado de todos modos.

La humildad es la aceptación de la gracia. Es la aceptación del abrazo impactante e inmerecido del Padre en Jesús. Cuídate de aquellos que están orgullosos de lo que hacen por Dios, en lugar de estar llenos de lo que Dios ha hecho por ellos. Pero no dejes de rogarles que vengan a la fiesta. No te rindas No dejes de decirles que es su fiesta también. Y mantén un ojo en el horizonte.

Si te identificaste con Jesús, el narrador de la historia, entonces te digo que continúes llorando por los que aún no ven y por los que se niegan a creer.

Pero de ninguna manera dejes de contar la historia. Sigue diciéndola y contándola, hasta que la iglesia reciba nuevamente el mensaje. Continúa diciéndolo hasta que la iglesia del próximo milenio se convierta en una iglesia maravillada, una iglesia conmocionada por el verdadero Dios y, por lo tanto, una iglesia que celebra, que se llena tanto con la alegría del Padre que el mundo escucha la fiesta y quiere saber qué está pasando. Que el corazón del Padre nos abrume de amor.

Oración y preguntas para la reflexión

Padre, gracias por tu apasionado amor por mí. Ayúdame a creer que tu amor es lo más verdadero del universo. Muéstrame dónde, cuándo y cómo no te estoy permitiendo que me ames. Baña mi alma herida con el gozo de tu afecto, para que pueda conocerte con Jesús en la libertad de tu Espíritu.

Amén.

1) ¿Por qué crees que Jesús contó la historia del Padre y sus dos hijos?

2) ¿Crees que a Dios le gusta tenerte en su creación?

3) Ponte en los zapatos del hijo menor mientras miraba por la carretera y veía a su padre acercarse a él. Cuando el Padre te mira, ¿qué ves escrito en toda la cara del Padre? ¿Por qué?

4) ¿Por qué te cuesta creer en el Padre de Jesús?

5) ¿Cómo tu relación con tus padres ha configurado la forma en que ves a Dios? ¿De qué manera les gustas a tus padres y cómo se diferencian ellos al Padre de Jesús?

6) ¿Piensas que Jesús es más receptivo y misericordioso, más tierno y accesible que Dios el Padre? Si es así, ¿cuál es la base de tu visión de Dios?

7) ¿Estás de acuerdo o en desacuerdo con esta declaración: "El perdón del Padre es anterior a tu fe y tu arrepentimiento?" ¿Por qué?

Capitulo 2

La parábola Revisada

Revisamos esta gran parábola porque se debe decir más acerca de la declaración que introduce el capítulo: "Para este momento, muchos hombres y mujeres de dudosa reputación estaban alrededor de Jesús, escuchando atentamente" (EM). Y más se debe decir acerca de la acusación de los fariseos y eruditos de la religión: "Este hombre recibe a los pecadores" (v.2, NASB).

Desde un punto de vista, esta *acusación* está llena de esperanza para todos nosotros porque nos presenta a un Señor que recibe a los pecadores con entusiasmo y alegría. Este hombre me recibe, como yo soy, sin pretensiones. Desde otro ángulo, sin embargo, esta acusación, junto con la primera declaración, es un punto de convicción para la iglesia.

¿Hoy en día las personas describen a la iglesia como el lugar que recibe a los pecadores? ¿Sería así la forma en que las personas en su comunidad describan de qué se trata la iglesia, de qué se trata su iglesia? ¿Caería su iglesia bajo la acusación de que "reciben a los pecadores", como lo hizo Jesús? ¿Los pecadores se esfuerzan por escuchar lo que tenemos que decir, como se esforzaron por escuchar a Jesús?

En medio de un sermón infantil sobre esta parábola, los niños y yo interpretamos la escena central. Tuvimos a un hijo mayor trabajando en los campos, y sirvientes alrededor de la casa, y tuvimos un hijo menor que se fue al país lejano.

Yo hice el papel de padre. Y cuando el hijo menor entró al santuario desde el lejano país, corrí por el pasillo gritando: "¡Está en casa! ¡Está en casa ¡Está en casa!"

Al igual que el padre de la parábola, corrí y lo abracé y ordené a los sirvientes que le pusieran la túnica, las sandalias y el anillo familiar, y que prepararan un banquete. ¡No fue un momento aburrido!

Pero justo en medio de todo esto, el Señor nos proporcionó otra parábola, una parábola viviente. Lo vi pasar por el rabillo del ojo mientras corría de regreso desde el lejano país. Se trataba de mi propio hijo, Baxter.

Noté que se cubrió los ojos y negó con la cabeza mientras yo corría y gritaba en la iglesia. Varias personas lo vieron y me hicieron comentarios al respecto después del servicio.

Después de la iglesia, los dos nos fuimos a casa juntos. Le pregunté: "¿Te avergonzó papá durante el sermón de los niños?"

Dijo "Sí". Cuando le pregunté por qué, él respondió: "No lo sé, papá".

Le dije: "Hijo, me has visto actuar así mil veces y no te habías sentido avergonzado. Piensa cuando entrené a tu equipo de amigos o cuando le enseñamos a Laura a andar en bicicleta, o cuando Kathryn estaba aprendiendo a caminar, o cuando simplemente estamos jugando en la casa. Me ves actuar así todo el tiempo. Así es como soy".

Y él me dijo: "Claro, papá, ¡pero no en la *iglesia*!"

Puede que al principio sea gracioso, pero el humor duró sólo un momento. No me reí para nada. Fue como un clavo enterrado en mi corazón. Dolor instantáneo.

Una mirada honesta a la iglesia

Soy consciente, por supuesto, de que los padres son una fuente perpetua de vergüenza para sus hijos. Pero en ese caso particular ocurría algo más que la vergüenza de los padres de rutina. De alguna manera, Baxter recibió el mensaje de que, independientemente de lo que sea la iglesia, es el lugar donde no está bien ser papá.

"Está bien, papá, que seas tú mismo cuando estemos jugando, o cuando estés ayudando a Laura a andar en bicicleta, o cuando estés en casa, o casi en cualquier lugar, pero no está bien que seas así en la Iglesia. No está bien que seas tú aquí. Se supone que debes dejar eso en casa".

Independientemente de lo que haya aprendido en sus seis años en la tierra, ciertamente ha aprendido que la iglesia es el lugar donde no puedes ser tú mismo, no puedes ser real. En el mejor de los casos, es el lugar donde dejas de ser por un momento. En el peor de los casos, es el lugar donde finges ser algo o alguien más en conjunto.

Es el lugar donde todo es muy diferente de la vida.

Esa rápida conversación con mi propio hijo me ha afligido profundamente. Ciertamente me ha hecho reflexionar seriamente. Espero que te haga lo mismo. Espero que te pese y te persiga de la misma manera que me pesó y me persiguió. Puede ser que eso se convierta en nuestra propia salvación.

Los niños pequeños así crecen pronto y se despiden de la iglesia. Lo dejan. Es artificial. Esto no es real. Se trata de fingir. Se trata de vestirse. Se trata de ponerse una máscara, una persona, una imagen. Es ajeno, ajeno e irrelevante para la vida real. ¿Cual es el punto?

Me gustaría poder decir que este tipo de conversación es la gran excepción a la regla general o algún tipo de anomalía extraña. Pero no lo es. Este tipo de cosas me golpea todo el tiempo. Sé, por ejemplo, que cuando las personas aprenden que soy un predicador, algo cambia en la dinámica de la conversación. Hay una súbita vacilación, una vigilancia, un cese de la honestidad, y surge una máscara y salen las palabras religiosas, o la conversación se detiene por completo.

No hace mucho un amigo y yo almorzamos. Después, fuimos a recoger una puerta de hierro decorativa que él había hecho. Era un trabajo hermoso, artesanía de primera clase. Toda la tienda estaba viva con creatividad.

Había lámparas de gas de latón y cientos de otros artículos hechos a mano. Estaba fascinado y aproveché rápidamente la conversación con el propietario. Me mostró alrededor. Y hablamos. No solo sobre latón y hierro y cobre, sino sobre muchas cosas.

Después de que nos fuimos, nos dirigíamos de regreso a la iglesia y mi amigo se volvió hacia mí y me preguntó: "¿Sabes que si te hubiera presentado como predicador, nunca habrías tenido esa conversación?" Le dije que estaba muy consciente De ese hecho, y me dolió sin fin.

En algún momento a lo largo de la línea, la iglesia y la profesión de la predicación han comunicado el mensaje de que el cristianismo se trata de *ser bueno* en lugar de *ser perdonado*. Y eso significa que las personas sienten que deben enderezarse, volverse buenas antes de ser aceptadas.

Cuando llegamos a la iglesia, mi amigo dijo que si este hombre en la tienda supiera que yo era un predicador, habría cambiado su lenguaje, su comportamiento, sus modales, su presentación, de modo que hubiera sido aceptable para mí. Se habría puesto una máscara o se habría convertido en algo diferente, de modo que pudiera ser recibido y aceptado. ¿Por qué es esto? ¿Por qué habría sentido este hombre que tenía que cambiar para ser aceptable para mí? Porque el cristianismo hoy proclama un mensaje de que no somos aceptables como somos. El cristianismo hoy se trata de hacerte aceptable. Tenemos que marcar una marca alta en el termómetro de bondad antes de que podamos ser recibidos.

De alguna manera, en toda la mezcla de cultura y religión, se ha comunicado el mensaje de que el fundamento de la aceptación de la gente con Dios está en ellos, en lo que hacen o no hacen. Se encuentra en su bondad.

Pero como Martin Luther vio con tanta claridad, el fundamento de nuestra aceptación está totalmente fuera de nosotros. No tiene nada que ver con nosotros o lo que hacemos o no hacemos. El fundamento de nuestra aceptación está en Jesucristo, el don de Dios para nosotros. Somos aceptados en él, a causa de él. Él nos ha hecho aceptables.

Me recuerda aquí el estribillo en un sermón bastante famoso predicado por Benjamín Baker: "Jesús vino a sacar a la gente buena de su bondad y gracia. Él vino para sacar a los justos de su justicia y a la justicia de Dios".

Hace un par de meses conocí a un joven de unos 35 años. Nos hicimos amigos, y en el transcurso de la conversación, él comenzó a contarme su historia y algo de sus luchas. (Por cierto, él no sabía que yo era un predicador; nos habíamos conocido a través de Buddy Ball). Lo invité a venir a la iglesia. No le interesaba la iglesia. Dijo que había estado en la iglesia, toda su vida. Cuando hablamos de esto, me quedó claro que simplemente ya no creía que la iglesia tuviera las respuestas a las preguntas de la vida real. La iglesia no estaba abordando el verdadero dolor en la vida de las personas. La iglesia no era real. "*Hoopla*", creo, era su palabra exacta "No necesito la religión; Necesito la vida".

Ahora, el objetivo de estas historias no es ponernos en un viaje de culpa. El punto es ayudarnos a ver qué está pasando. Es para ayudarnos a analizar honestamente la "iglesia" y lo que está sucediendo, para que podamos comenzar a encontrar respuestas reales. Cuando estábamos en Escocia, el Señor me puso cara a cara con esto. Me puso frente a un hermoso edificio de la iglesia. Era ornamentada, con una arquitectura llamativa. Pero estaba *cerrado* bajo llave, y el letrero en la puerta decía algo así como "Agentes inmobiliarios de Mackenzie y Mackintosh". Una y otra vez vimos hermosos edificios de iglesias que se habían convertido en despachos de abogados, pubs, restaurantes y estudios de danza. Ese recuerdo me ha hecho luchar por varios años. Me perseguía cuando estaba enseñando allí. Me hizo preguntarme qué tenía que decirles a estos estudiantes de la divinidad, que pronto serán pastores, que en verdad era diferente de lo que se decía cuando las iglesias se extinguieron y cerraron. Hay, por supuesto, muchas capas que deben considerarse en ese tipo de pregunta. No hay fin a los libros, artículos y sermones que se han ofrecido sobre esta pregunta, todos los cuales sin duda son útiles. Pero por mi dinero, Lucas 15: 1 y 2 nos hablan mucho a nosotros y a la iglesia en general: "Para este momento, muchos hombres y mujeres de dudosa reputación estaban dando vueltas por ahí. Jesús, escuchando atentamente"(EM).

La atracción de jesús

de alguna manera, el resplandor de nuestro Señor Jesucristo atrajo a los pecadores, les habló de esperanza. De alguna manera, se sentían cómodos con él. Ellos vinieron a él.

Estaban abiertos con él. Su presencia y enseñanza no los puso en guardia ni los hizo dudar. No sentían necesidad de ponerse una máscara. Era completamente diferente de la religión organizada.

Estas personas se habían alejado de la iglesia de su época, al menos en sus corazones. Casi puedes oírlos decir: "Pero este hombre es diferente. Algo sobre este hombre golpea mi corazón. Hay una realidad inequívoca acerca de este Jesús. Hay una simplicidad sobre él. Él no está contra mí. Él es para mí".

"Este hombre no me hace sentir avergonzado e indigno, aunque sé que soy culpable y caí. Y sé que él sabe quién soy y cómo es mi vida, cómo soy realmente, pero aquí está conmigo, para mí. Hay algo asombroso acerca de este hombre. Puedo verlo en sus ojos. Veo compasión. Yo veo misericordia Pero hay algo mucho más profundo que eso: veo el perdón. Este hombre no me condena. De hecho, me hace sentir como en casa, aceptado, conocido, amado e incluso apreciado, tal como soy".

La atracción de Jesucristo radica en el hecho de que no condenó gente; los aceptó No irradiaba condena como los fariseos; irradiaba aceptación

Hay una escena bastante conmovedora al final de la película *Tombstone* (La leyenda de Wyatt Earp[2]). Wyatt Earp va a visitar a Doc Holliday, quien está muriendo de tuberculosis. Hay una breve conversación entre dos buenos amigos, en la que Doc

---

2 Nota entre paréntesis del traductor

Holliday le dice a Wyatt Earp: "Wyatt, eres el único ser humano en toda mi vida que me dio esperanza".

Eso es lo que emanó de Jesucristo: esperanza, esperanza real, para los fracasos como *fracasos*.

En lugar de cerrar las conversaciones, en lugar de hacer que las personas sintieran que no podían ser reales en su presencia y tenían que poner aires religiosos, irradiaba tanta esperanza que los pecadores acudían a él como pecadores y se esforzaban por escuchar de qué se trataba. Exudaba la libertad de venir a él como realmente eran, en ese mismo momento, y hablar. Sin máscara, no había necesidad de una. Él los aceptó como eran. Porque él no tenía absolutamente ningún interés en nada más que en pecadores como pecadores. Sus noticias fueron para ellos, justo donde estaban, como estaban. Lo que cava una trinchera alrededor de la iglesia y la separa de las personas es el hecho de que la iglesia no se comunique "sin condena" a los pecadores. La radiación es un fenómeno espontáneo. Todos irradiamos algo. La pregunta es, ¿qué irradiamos? ¿Las vibraciones que emanan de nosotros hacen que las personas se sientan como en casa? ¿Hacen que las personas sientan que han encontrado su hogar?

Podemos pedirle a cualquier hombre en la calle que venga a la iglesia y es probable que él diga: "Voy a venir a la iglesia cuando me arreglen la vida".

De alguna manera, la gente siente que la iglesia no es para lospecadores, ni para las personas que luchan, se caen y se rompen. Es para las personas que han actuado juntas, al menos en la superficie.

Pero las personas quebrantadas, los luchadores y los rezagados, los caídos, todos acudieron a Jesucristo Sintieron su aceptación y se *esforzaron* por escuchar lo que tenía que decir.

Convertirse en la verdadera iglesia

¿Como hacemos eso? ¿Cómo emitimos ese tipo de vibraciones? ¿Cómo llegamos al lugar donde las personas acuden a nosotros?

¿Cómo llegamos al punto donde al presentarnos como cristianos o como predicadores no hace que las personas se cierren a su conversación sino que la abren con honestidad y realidad? ¿Cómo llegamos al lugar donde la gente realmente se esfuerza por escuchar lo que tenemos que decir?

¿Cómo llegamos al punto donde la gente sabe en su espíritu, independientemente de quien sea la persona, que puede ser libre, y no solo libre, sino obligada, a ser real, a ser quien es, sin pretensiones, sin esconderse?

¿Cómo destilamos e irradiamos esperanza a las personas que nos rodean?

La respuesta a estas preguntas es que no podemos hacerlo. No es algo que hacemos. Es algo que nos pasa. Como mejor puedo entenderlo, es algo que toma forma espontánea dentro de nuestros seres más íntimos. Y nos sucede a nosotros y en nosotros cuando descubrimos y encontramos al verdadero Jesucristo una y otra vez en nuestras propias vidas.

Hay dos partes críticas a esa declaración. La primera es la frase "el verdadero Jesucristo". La segunda es la frase "en nuestras propias vidas". Quizás la mejor manera de decir esto es "en nuestras entrañas", porque este descubrimiento y conocimiento del verdadero Cristo no es retórica. Es un conocimiento en lo más recóndito de nuestro ser y en medio de la conciencia penetrante de nuestra propia bancarrota.

Por "el verdadero Jesucristo", me refiero al Cristo enviado por el Padre para reconciliarnos y llevarnos a casa; el Cristo que ha venido por nosotros y se ha adueñado de nuestros fracasos y errores, ha asumido toda la responsabilidad por ellos, los ha hecho suyos y ha tratado con ellos; el Cristo que nunca nos dará la espalda, nos abandonará o revertirá a su perdón, pase lo que pase.

Y por "en nuestras propias vidas", me refiero a que nos encontramos cara a cara con el hecho de las declaraciones de Pablo "por cuanto todos hemos pecado y estamos destituidos de la gloria de Dios" (ROM 3:23, NASB) "no hay justo, ni siquiera uno; no hay quien entienda, no hay quien busque a Dios; todos se han apartado, todos se han vuelto inútiles; No hay quien haga el bien, ni siquiera hay uno". (ROM 3: 10-12, NASB): aplíquese directamente a todos nosotros, a *mí*, a *usted*.

Llegamos al punto en que nos damos cuenta de que estamos perdidos y sentimos un miedo profundo y una total impotencia que se apoderan de nuestras almas. Sentimos nuestra vergüenza, miedo, desesperanza y desesperación, ¡angustia!

De repente, todo ha dejado de ser una idea abstracta que leemos en la Biblia y se ha convertido en algo que, de manera ineludible y temerosa, sé que es verdad de *mí*.

Y luego, justo allí, en medio de ese miedo terrible y penetrante, conscientes de nuestra propia nada y fracaso, escuchamos la buena nueva de que el fundamento de nuestra aceptación no tiene nada que ver con nosotros en absoluto. Escuchamos la Palabra de que nuestra aceptación depende completamente de otra persona: Jesucristo. En medio de la noche oscura de nuestro dolor, encontramos la verdad de que el Padre nos ha hecho aceptables y nos ha recibido en Jesús. En el tembloroso conocimiento de nuestra pérdida e impotencia, vemos que el Padre, en Su asombrosa gracia, nos ha arrebatado la responsabilidad de hacernos aceptables y limpiarnos, y lo ha puesto todo en manos de

Jesús. Y vemos que Jesús ha cumplido su misión.

Cuando esa noticia se hunde en nuestras almas rotas; cuando esa Palabra se vierte en el lugar de nuestro dolor, donde vemos y olemos nuestro fracaso y lo saboreamos, entonces comenzamos a conocer la gloria sanadora de la Palabra.

Cuando venimos a ver que estamos rotos y cuando sentimos la pura desesperación de nuestra impotencia para hacer algo al respecto, y luego escuchar la Buena Nueva de Jesucristo, las cosas comienzan a suceder en nosotros y a través de nosotros. Cuando la verdad de *nuestra aceptación* en Cristo tal como somos se cruza con la conciencia profunda, personal y afligida de nuestra vergüenza y fracaso, comienza a producir su propio fruto en nosotros.

Hay varios puntos clave que deben ser explorados aquí. Primero, escuchar la Palabra de nuestra aceptación en Jesús produce una celebración en nuestros corazones quebrantados. Comenzamos a vivir en un estado de asombro ante Dios. Nos maravillamos de Él, cómo Él podría ser tan bueno. Para poner esto de otra manera, comenzamos a *disfrutarlo*, conocerlo y amarlo. Comenzamos a gloriarnos en él. Queremos estar cerca de él. No podemos dejar de querer conocer a este Dios.

Eso es seguramente lo que le pasó al hermano menor en la historia. En medio de su desgarradora conciencia de vergüenza, fue golpeado entre los ojos con asombrosa gracia. Todo lo que podía hacer era mirar a la cara la aceptación incondicional de su padre. Todo lo que pudo hacer fue recibirlo, quedarse allí y *maravillarse* con su padre. Todo lo que podía hacer era querer conocer a este padre y disfrutarlo: disfrutar de su gracia, disfrutar de ella, gloriarse en ella. Esto es lo que comienza a suceder en nosotros cuando la verdad acerca de Dios se desvanece en nuestras almas tristes.

Segundo, el descubrimiento de nosotros mismos como aceptados en Cristo comienza a liberarnos para ser nosotros mismos. Se come la causa de nuestro escondite: el miedo a la exposición. Comenzamos a ser libres para ser reales, dejar ceder a nuestros guardias y quitarnos las máscaras.

La iglesia comienza a respirar "gracia" porque todos en la iglesia están allí en los mismos términos. Están allí porque son un fracaso, y porque saben hasta las raíces de sus seres que son fracasos, y han escuchado la buena Palabra de Cristo y, por lo tanto, saben que son aceptados como fallas en Jesucristo, recibidos como pecadores. Así que no hay razón para esconderse y fingir. El fundamento de nuestra aceptación no está en nosotros; esta en Jesús. No hay razón para poner algún tipo de *persona*.

Entonces, una cosa maravillosa comienza a suceder. El Nuevo Testamento lo llama compañerismo. La comunión de la iglesia no es una comunión santa de personas buenas. Es una comunión de pecadores asombrados. Es un compañerismo de personas que han llegado al final de sí mismas y de la religión, que saben que no pueden ser justas con Dios, que saben que han fracasado y que han descubierto que cuando aún eran pecadores, Dios los reconcilió.

Él los hizo justos consigo mismo en Jesús. Y este conocimiento genera libertad para ser nosotros mismos y para exponernos.

La puerta al verdadero compañerismo se abre cuando el perdón de Dios echa raíces en el alma sangrante de un pecador, y el perdón de Dios echando raíces en el alma sangrante de otro pecador, se *encuentran* en el Espíritu de aceptación. No hay condena.

La comunión cristiana se produce en el conocimiento mutuo de la gracia asombrosa de Dios. Y en el ambiente de la celebración del perdón y la esperanza, hay una oportunidad, tal vez por primera vez, de comenzar a tratar el uno con el otro.

La libertad de salir de nuestro escondite y ser nosotros mismos crea una oportunidad para encontrar una verdadera curación en nuestro quebrantamiento y algunos cambios reales en nuestras vidas.

Porque, por fin, tenemos la confianza de ser conocidos y la esperanza de que haya soluciones reales.

Tercero, al conocer nuestra profunda necesidad, y enfrentarla honestamente, nos damos cuenta de nuestra desesperanza y sentimos nuestra desesperación, entonces encontramos esperanza en Jesucristo y comenzamos a irradiarla. Al vernos perdidos y luego vernos aceptados en Cristo a pesar de nuestro *fracaso*, nos damos cuenta que nuestra relación con Dios no tiene nada que ver con nosotros en absoluto y todo que ver con la obra terminada de Cristo, y cuando comenzamos a disfrutar de este Dios y Su pura bondad entre nosotros en la comunión del perdón, emitimos vibraciones.

A medida que la gracia de Dios se filtra en nuestras propias almas heridas, irradiamos espontáneamente la gracia hacia los demás. En lugar de sentir que deben acomodarse a nuestro alrededor, los pecadores comienzan a sentirse como en casa.

Comienzan a sentir, que están envueltos, incluidos en la gracia. De nuestro ser irradia la aceptación de Dios, y los pecadores que nos rodean sienten esa aceptación. Y esto es, en esencia, extender la comunión de la iglesia real, la comunión del perdón y la aceptación en Cristo, la comunión de gracia, la comunión de la unión no fingida, a un mundo desesperado, quebrantado atrapado y perdido, incluso perdido en el abismo de la religión.

Extender la comunión del Padre y del Hijo en el Espíritu a los que nos rodean, es incluirlos en la gracia que Dios es y que irradia de Su ser. Otros pecadores comienzan a encontrar el compromiso de Dios a través de nosotros. Otros pecadores comienzan a sentir el abrazo del Padre a través de nosotros. Comienzan a detectar el corazón del Padre en nuestros corazones.

Cuando el conocimiento visceral de nuestros fracasos y perdidas sin esperanza se encuentra con la realidad del perdón y la aceptación del Padre en Cristo, cuando se cruza el alma en el Espíritu, y esa maravilla y gloria comienzan a agitarse en nosotros, un espíritu de "no condena" Comienza a irradiar fuera de nosotros. Es bastante invisible, pero muy evidente. En su mayoría es no verbal, pero habla a gritos.

Nos convertimos en participantes del abrazo del Dios que baila. La atracción de Jesucristo mismo brilla fuera de nosotros. Él recibe a los pecadores y come con ellos a través de nosotros. Él les da la bienvenida a casa y los acepta a través de nosotros.

Esa es la esencia del cristianismo auténtico: experimentar la gracia gloriosa de Dios en las profundidades de nuestros propios pecados fallidos, vivir en Su gracia, alimentarnos de Su gracia y gloriarnos en Él, e irradiar así Su gracia a todos los que nos rodean.

Ahí es donde se dirige la iglesia del próximo milenio, porque Dios es demasiado fiel para que sea de otra manera. Y, por mi parte, quiero estar justo en medio de eso. Y quiero a mi hijo allí conmigo.

Que Dios nos conceda que conozcamos nuestro fracaso y su gracia en Jesucristo, que de nuestro ser más íntimo irradiará vida y esperanza. Y que nuestro Padre nos conceda que los compañeros pecadores encuentren, en nosotros, el hecho cierto de que tienen un hogar en Jesucristo.

Oración y preguntas para la reflexión

Jesús, gracias por compartir conmigo tu propia experiencia del amor del Padre. Envía tu Espíritu para atestiguar que yo también pertenezco al Padre contigo. Ayúdame a vivir en la libertad y la alegría del abrazo del Padre, y ayúdame a amar a los demás con el amor que compartes con tu Padre y tu Espíritu.

Amén.

1) ¿Por qué crees que las personas se *esforzaron* por escuchar lo que Jesús tenía que decir?

2) ¿De qué manera estás orgulloso del Padre de Jesús? ¿De qué manera Él está orgulloso de ti?

3) ¿La religión o las personas religiosas te hacen sentir inadecuado, como si nunca estuvieras a la altura y nunca pudieras hacerlo bien? ¿Por qué? ¿El sentimiento de ser inadecuado viene del Padre de Jesús? ¿Cómo afecta tu sentimiento de insuficiencia tu relación con el Padre de Jesús?

4) ¿Qué es más hermoso, el compañerismo de personas quebrantadas que han encontrado la aceptación del Padre, o el compañerismo de las personas que, en sus propias mentes, hacen todo bien?

5) ¿Cómo te ha impedido la religión, como al hijo mayor, experimentar la aceptación del Padre?

6) ¿Cómo te escondes del Padre?

7) ¿Qué es lo que más quieres de Dios?

Preguntas para una Mayor Reflexión

1) ¿Recibe Dios el Padre a los pecadores como lo hizo Jesús?

2) ¿Cómo responderías a un hombre que venga a ti y te haga el siguiente comentario? "He estado en la iglesia toda mi vida; He hecho todo lo que me dijeron que hiciera y presté servicio en todos los comités de la iglesia, y estoy aburrido de la mente: ¡nunca volveré! "

3) ¿Qué es la gracia de Dios?

4) ¿Por qué la gente hace cosas malas para sí misma y para los demás? ¿Cuál es la causa raíz del dolor del alma humana? ¿Cómo se relaciona esta causa raíz con tu visión de Dios?

5) ¿Cómo ha afectado tu matrimonio y tus relaciones con amigos cercanos el hecho de que no permitas que el Padre te ame?

6) ¿Cuál es la relación entre la ansiedad y la aceptación del Padre?

7) ¿De qué manera estás decepcionado de Dios?

8) ¿Por qué las personas parecen disfrutar de los errores o fallas de los demás?

9) Cuál de los dos, el miedo al castigo o el amor del Padre, cambia los corazones de las personas?

10) ¿De qué manera cambiarías si dejas que el Padre te ame?

11) ¿Por qué las personas son tan propensas a creer que no son aceptables para el Padre?

12) Ser rechazado por Dios y abandonado es el mayor temor del corazón humano. ¿Por qué te abandonaría el Padre?

13) ¿Vino Jesús para cambiar el corazón de Dios? ¿Alguien puede cambiar el corazón de Dios?

14) ¿Por qué te ama el Padre?

15) ¿Por qué Jesús fue tan perseguido por la elite religiosa de su época?

16) ¿En qué sentido se separaron los dos hijos de su Padre?

17) ¿De qué manera eres como el hijo mayor en la parábola?

18) Si pudieras escuchar al Padre decir tu nombre en este momento, ¿qué mensaje estaría en su voz?

19) ¿Tu país es más parecido al hermano menor o al mayor en la parábola?

20) ¿Qué pasaría en tu país si la gente creyera en el Padre de Jesús?

Pericoresis: un ministerio trinitario

Pericoresis es una fraternidad próspera, atractiva y centrada en Cristo que fomenta la fe y la esperanza cristianas, brinda sanación a las relaciones, los matrimonios y las familias, promueve una comunidad auténtica y libera a las personas para abrazar su humanidad. Estamos comprometidos con las doctrinas cristianas históricas de la Encarnación y la Trinidad y estamos decididos a compartir el Evangelio con la audiencia más amplia posible.

- Creemos en el Dios Trino, Padre, Hijo y Espíritu, y creemos que este Dios creó, reconcilió y abrazó al mundo en el Hijo Encarnado, Jesucristo, como se propuso eternamente.

- Creemos que Jesucristo es el Hijo eterno del Padre que comparte el ser y la vida y todas las cosas con el Padre y el Espíritu, y que este Hijo se hizo humano para nuestra salvación. Murió para limpiarnos de nuestra alienación. Resucitó para darnos un nuevo nacimiento. Ascendió para llevarnos a Su Padre.

- Creemos que en el Hijo Encarnado, Crucificado, Resucitado y Ascendido, la raza humana y la creación han sido elevadas en unión con el Padre, el Hijo y el Espíritu.

- Creemos que Jesucristo es él mismo la unión entre la Trinidad, la humanidad y la creación, y que esta relación es la verdad de todas las verdades debajo de la creación misma y la existencia humana y la historia dentro de ella.

- Creemos que el Dios Triuno está trabajando ahora en toda la creación, revelando la verdad de nuestra adopción en Jesucristo, rompiendo el engaño y la oscuridad que nos ata, para que podamos descubrir y creer y experimentar nuestra inclusión en la relación del Hijo con Su Padre en el Espíritu.

- Creemos que la Iglesia está llamada a participar en la obra del Espíritu de revelar la verdad sobre Dios, la humanidad y la creación hasta que el conocimiento del Dios Uno y Trino llene la tierra y toda la creación como las aguas cubren la mar.

www.ingramcontent.com/pod-product-compliance
Lightning Source LLC
Chambersburg PA
CBHW031238120626
46545CB00003B/1179